… damit sie Morgen für Morgen hinträten, um dem HERRN zu danken und ihn zu loben, und ebenso am Abend. (1. Chronik 23,30)

DATUM:

1

2

3

4

5

DATUM:

Gott aber sei Dank, der uns allezeit im Triumphzug umherführt in Christus und den Geruch seiner Erkenntnis an jedem Ort durch uns offenbart!
(2. Korinther 2,14)

1

2

3

4

5

»Mit Dankbarkeit darf ich feststellen, dass die Güte und Treue des Herrn mich alle Tage meines Lebens geleitet haben und dass mein Kelch überfließt.«
William MacDonald

Vater unser, geheiligt werde dein Name – so sollten wir immer unseren Tag beginnen. Mit einem Lob an unseren großen Gott. Gründe, ihm zu danken und ihn zu loben, sind mehr vorhanden als Sand am Ufer des Meeres oder Sterne am Himmel.
Mit diesem Heft möchten wir Ihnen helfen, **täglich fünf Gründe** aufzuschreiben, Gott Ihren aufrichtigen Dank zu sagen. Schön wäre es natürlich, wenn sich diese nicht wiederholen würden. Gibt es nicht täglich neue Dinge, für die wir dankbar sein können? Vielleicht hilft Ihnen das Aufschreiben, mehr eine Haltung der Dankbarkeit zu entwickeln. Dann hätte sich die Mühe gelohnt und wir wären dem Ziel Gottes mit unserem Leben näher gekommen: *»Wer Dank opfert, verherrlicht mich.«*
Wir wünschen Ihnen, dass jeder Tag neu ein dankbarer für Sie wird.

DATUM:

... danksagend allezeit für alles dem Gott und Vater im Namen unseres Herrn Jesus Christus. (Epheser 5, 20)

1

2

3

4

5

Bitten und Danken

gehören zusammen wie die Unter- und Oberlippe eines Mundes.

Charles Haddon Spurgeon

DATUM:

Und nun, unser Gott, wir danken dir und rühmen deinen herrlichen Namen. (1. Chronik 29,13)

1

2

3

4

5

Und Jehiskia bestellte die Abteilungen der Priester und der Leviten ... für die Brandopfer und für die Friedensopfer, zum Dienen und zum Danken und zum Loben in den Toren der Lager des HERRN. (2. Chronik 31,2)

DATUM:

1

2

3

4

5

DATUM:

Ich danke meinem Gott allezeit euretwegen für die Gnade Gottes, die euch gegeben ist in Christus Jesus. (1. Korinther 1,4)

1

2

3

4

5

Wir beugen uns in Dankbarkeit vor seiner Willigkeit, den Kelch zu trinken, den der Vater ihm gab.

Elisabeth Elliot

DATUM:

Und sie stimmten dem HERRN einen Wechselgesang an mit Lob und Dank: Denn er ist gut, denn seine Güte währt ewig über Israel. (Esra 3,11)

1

2

3

4

5

Ich danke meinem Gott bei all meiner Erinnerung an euch. (Philipper 1,3)

DATUM:

1

2

3

4

5

DATUM:

Denn vor alters, in den Tagen Davids und Asaphs, gab es Häupter der Sänger und Dank- und Lobgesänge für Gott. (Nehemia 12,46)

1

2

3

4

5

Behandle
Gottes Zusagen
nicht wie Museumsstücke,
sondern **glaube** ihnen
und mache von ihnen
Gebrauch.

CHARLES HADDON **SPURGEON**

DATUM:

Ich will dem HERRN nach seiner Gerechtigkeit danken und den Namen des HERRN, des Höchsten, besingen. (Psalm 7,18)

1

2

3

4

5

... um hören zu lassen die Stimme des Dankes und um zu erzählen alle deine Wundertaten. (Psalm 26,7)

DATUM:

1

2

3

4

5

DATUM:

Was beugst du dich nieder, meine Seele, und bist unruhig in mir? Harre auf Gott, denn ich werde ihm noch danken für die Rettung seines Angesichts. (Psalm 42,6)

1

2

3

4

5

Das **Gebet** ist der himmlische **Hafen**, in dem wir uns vor den Stürmen des Lebens **bergen**.

CHARLES HADDON SPURGEON

DATUM:

Ich ermahne nun vor allen Dingen, dass Flehen, Gebete, Fürbitten, Danksagungen getan werden für alle Menschen. (1. Timotheus 2,1)

1

2

3

4

5

Auch will ich dir danken mit der Harfe, ja, deine Wahrheit, mein Gott! Ich will dir Psalmen singen mit der Laute, du Heiliger Israels! (Psalm 71,22)

DATUM:

1

2

3

4

5

DATUM:

Wir danken dir, o Gott, wir danken dir; und nahe ist dein Name, deine Wundertaten verkündigen es. (Psalm 75,2)

1

2

3

4

5

Das Danken mitten in der Dunkelheit macht den Weg frei für die Gnade.

Elisabeth Elliot

DATUM:

Es ist gut, dem HERRN zu danken und Psalmen zu singen deinem Namen, du Höchster. (Psalm 92,2)

1

2

3

4

5

Gott aber sei Dank, dass ihr Sklaven der Sünde wart, aber von Herzen gehorsam geworden seid dem Bild der Lehre, dem ihr übergeben worden seid! (Römer 6,17)

DATUM:

1

2

3

4

5

DATUM:

*Ich will dir danken, denn du hast mich erhört und bist mir zur Rettung geworden.
(Psalm 118,21)*

1

2

3

4

5

Andauernde Dankbarkeit

– Dankbarkeit für alles – kommt aus dem Erfülltsein mit dem Geist.

John Piper

DATUM:

Um Mitternacht stehe ich auf, um dir zu danken wegen der Rechte deiner Gerechtigkeit.
(Psalm 119,62)

1

2

3

4

5

... danksagt in allem,
denn dies ist der Wille Gottes in Christus Jesus
für euch. (1. Thessalonicher 5,18)

DATUM

1

2

3

4

5

DATUM:

*Ich will zu deinem heiligen Tempel hin anbeten
und deinem Namen danken um deiner Güte
und deiner Wahrheit willen; denn du hast dein Wort
groß gemacht über all deinen Namen. (Psalm 138,2)*

1

2

3

4

5

Das Lamm Gottes ist gestorben.
Mein Herz ist **VOLL**.
Heiße Tränen fließen ungehindert.
Ich falle auf meine Knie
und **DANKE IHM** und preise Ihn!
Allein der Gedanke -
Er ist für mich gestorben!
Ich werde nie aufhören,
IHN ZU LIEBEN!

William MacDonald

DATUM:

Ich danke dir dafür, dass ich auf eine erstaunliche, ausgezeichnete Weise gemacht bin. Wunderbar sind deine Werke, und meine Seele weiß es sehr wohl. (Psalm 139,14)

1

2

3

4

5

Wer einen Menschen straft, wird danach mehr Dank ernten, als wer mit der Zunge schmeichelt. (Sprüche 28,23)

DATUM

1

2

3

4

5

DATUM:

Dankt dem HERRN, ruft seinen Namen aus,
macht unter den Völkern kund seine Taten, verkündet,
dass sein Name hoch erhaben ist! (Jesaja 12,4)

1

2

3

4

5

Als jemand Martin Luther einmal fragte: »Fühlst du, dass deine Sünden vergeben sind?«, antwortete er: »Nein, aber ich bin dessen so sicher, wie es einen Gott im Himmel gibt. Denn Gefühle kommen und gehen, und Gefühle sind unzuverlässig. Mein Unterpfand ist Gottes Wort, nichts sonst ist's wert zu glauben.«

DATUM:

Gott aber sei Dank, der uns den Sieg gibt durch unsern Herrn Jesus Christus!
(1. Korinther 15,57)

1

2

3

4

5

Gott aber sei Dank, der denselben Eifer für euch in das Herz des Titus gegeben hat. (2. Korinther 8,16)

DATUM:

1

2

3

4

5

DATUM:

Wir sind schuldig, Brüder, Gott allezeit für euch zu danken, wie es angemessen ist, weil euer Glaube überaus wächst und die Liebe jedes Einzelnen von euch allen zueinander überströmend ist. (2. Thessalonicher 1,3)

1

2

3

4

5

Dankbarkeit Gott gegenüber ist die Antwort auf die Tatsache, dass wir von einem großen Gott umsorgt werden.

John Piper

DATUM:

Wir aber sind schuldig, Gott allezeit für euch zu danken, vom Herrn geliebte Brüder, dass Gott euch von Anfang erwählt hat zur Errettung in Heiligung des Geistes und im Glauben an die Wahrheit. (2. Thessalonicher 2,13)

1

2

3

4

5

Denn jedes Geschöpf Gottes ist gut und nichts verwerflich, wenn es mit Danksagung genommen wird. (1. Timotheus 4,4)

DATUM:

1

2

3

4

5

DATUM:

Amen! Die Segnung und die Herrlichkeit und die Weisheit und die Danksagung und die Ehre und die Macht und die Stärke sei unserem Gott von Ewigkeit zu Ewigkeit! Amen. (Offenbarung 7,12)

1

2

3

4

5

*Ich weiß nicht, dass ich
errettet bin, weil ich mich
glücklich fühle, aber
ich fühle mich glücklich,
weil ich weiß,
dass ich errettet bin.*

H. A. IRONSIDE

DATUM:

... danksagend dem Vater, der uns fähig gemacht hat zu dem Anteil am Erbe der Heiligen in dem Licht. (Kolosser 1,12)

1

2

3

4

5

Wir danken dir, Herr, Gott, Allmächtiger, der da ist und der da war, dass du deine große Macht angenommen und die Herrschaft angetreten hast! (Offenbarung 11,17)

DATUM:

1

2

3

4

5

DATUM:

... gewurzelt und auferbaut in ihm und befestigt in dem Glauben, so wie ihr gelehrt worden seid, überströmend darin mit Danksagung. (Kolosser 2,7)

1

2

3

4

5

Wenn Kritik berechtigt ist,
sollten wir sie dankbar annehmen
und daraus **Nutzen ziehen**.
Es gibt wenige Freunde im Leben,
die uns genügend lieben,
um **hilfreiche Kritik**
an uns zu üben.

William MacDonald

DATUM:

Gott aber sei Dank, der uns allezeit im Triumphzug umherführt in Christus und den Geruch seiner Erkenntnis an jedem Ort durch uns offenbart!
(2. Korinther 2,14)

1

2

3

4

5

Gott sei Dank für seine unaussprechliche Gabe!
(2. Korinther 9,15)

DATUM:

1

2

3

4

5

DATUM:

... danksagend dem Vater, der uns fähig gemacht hat zu dem Anteil am Erbe der Heiligen in dem Licht. (Kolosser 1,12)

1

2

3

4

5

Wir werden Gott im Himmel
endlos
für die Prüfungen
danken,
die er uns hier auferlegte.
Das ist keine billige Vertröstung –
das ist die Wahrheit.

JONI EARECKSON TADA

DATUM:

... gewurzelt und auferbaut in ihm und befestigt in dem Glauben, so wie ihr gelehrt worden seid, überströmend darin mit Danksagung. (Kolosser 2,7)

1

2

3

4

5

DATUM:

Gott sei Dank für seine unaussprechliche Gabe!
(2. Korinther 9,15)

1

2

3

4

5

DATUM:

Ich danke Christus Jesus, unserem Herrn, der mir Kraft verliehen hat, dass er mich für treu erachtet hat. (1. Timotheus 1,12)

1

2

3

4

5

Unser ganzes Leben
soll eigentlich
ein einziger
Dankpsalm
für Gott sein.

William MacDonald

DATUM:

Ja, Vater, denn so war es wohlgefällig vor dir.
(Matthäus 11,26)

1

2

3

4

5

Kehre wieder, meine Seele, zu deiner Ruhe!
Denn der HERR hat wohlgetan an dir.
(Psalm 116,7)

DATUM:

1

2

3

4

5

DATUM:

Kommt in seine Tore mit Dank, in seine Vorhöfe mit Lobgesang! Dankt ihm, preist seinen Namen! (Psalm 100,4)

1

2

3

4

5

O dass ich tausend Zungen hätte
Und einen tausendfachen Mund,
So stimmt' ich damit um die Wette
Vom allertiefsten Herzensgrund
Ein Loblied nach dem andern an
Von dem, was Gott an mir getan.

Johann Mentzer

DATUM:

*Lasst uns ihm entgegengehen mit Dank,
lasst uns mit Psalmen ihm zujauchzen!
(Psalm 95,2)*

1

2

3

4

5

Opfere Gott Dank, und bezahle dem Höchsten deine Gelübde … (Psalm 50,14)

DATUM:

1

2

3

4

5

DATUM:

Rühmen will ich den Namen Gottes im Lied und ihn erheben mit Dank. (Psalm 69,31)

1

2

3

4

5

»Beiß die Zähne zusammen
und ertrage es«,
lautet der altmodische Rat, aber
»öffne die Lippen
zum Dank
und ertrage es«,
ist noch viel besser!

Charles Haddon Spurgeon

DATUM:

Seid um nichts besorgt, sondern in allem lasst durch Gebet und Flehen mit Danksagung eure Anliegen vor Gott kundwerden. (Philipper 4,6)

1

2

3

4

5

Und alles, was immer ihr tut, im Wort oder im Werk, alles tut im Namen des Herrn Jesus, danksagend Gott, dem Vater, durch ihn. (Kolosser 3,17)

DATUM:

1

2

3

4

5

DATUM:

Und als Paulus sie sah, dankte er Gott und fasste Mut. (Apostelgeschichte 28,15)

1

2

3

4

5